UN ÉTRANGER

PEUT-IL PRATIQUER

UNE SAISIE - ARRRÊT EN FRANCE

SUR UN FRANÇAIS?

PAR

ÉDOUARD CLUNET

AVOCAT A LA COUR DE PARIS

PARIS

IMPRIMERIE BALITOUT, QUESTROY ET C°

7, RUE BAILLIF, 7

—

1882

DROIT INTERNATIONAL PRIVÉ

SAISIE-ARRÊT

UN ÉTRANGER

PEUT-IL PRATIQUER

UNE SAISIE - ARRRÊT EN FRANCE

SUR UN FRANÇAIS?

PAR

ÉDOUARD CLUNET

AVOCAT A LA COUR DE PARIS

PARIS

IMPRIMERIE BALITOUT, QUESTROY ET Cᵉ

7, RUE BAILLIF, 7

1882

UN ÉTRANGER PEUT-IL PRATIQUER

UNE SAISIE-ARRÊT EN FRANCE

SUR UN FRANÇAIS

Cette question, d'une grande importance pratique, mérite d'être examinée dans son fondement juridique. La faculté de saisir-arrêter les deniers ou effets appartenant à un Français a été quelquefois contestée en justice à l'étranger par des raisons spécieuses assez difficiles à reproduire à cause de leur manque de netteté (V. notamment aff. King c. Saige, Tillet, etc., Référé. Le *Droit*, 4 mars 1882) (1). On a rappelé que la situation juridique de l'étranger en France avait donné lieu à trois systèmes. Le premier admettait que l'étranger jouissant en France de tous les droits civils qui ne lui avaient pas été formellement ou implicitement refusés par un texte de loi (Zachariæ, I, § 76 ; Demangeat, n° 56 ;

(1) Il importe de faire observer que le président des référés a été déterminé à rapporter son ordonnance dans cette affaire non par l'opinion que le droit de saisir-arrêter n'appartenait pas à un étranger, mais par des considérations de fait.

Valette, *Explic. somm.*, p. 408-416). — D'après le second, diamétralement opposé, les étrangers ne iouiraient en France que des droits qui leur auraient été expressément ou tacitement accordés. (Demolombe, I, 240-246 bis.) — Le troisième système distingue entre les facultés et avantages généralement considérés par les peuples civilisés comme rentrant dans le droit naturel et ceux qui ont leur source au contraire dans le droit national ou propre à chaque peuple. Les étrangers jouiraient des droits de la première catégorie; ceux de la seconde ne leur appartiendraient que dans les conditions prévues par les art. 11 et 13 du C. civ. (Aubry et Rau, I, p. 294 ; Proudhon, I, p. 155 ; Duranton, I, 359 ; Troplong, de la Prescription, I, 35).

Pour refuser à l'étranger le droit de saisir-arrêter les sommes dues à un Français, on n'insiste pas d'ailleurs sur la nécessité de prendre parti au sujet de cette thèse tripartite. On soutient que même en concédant à l'étranger la situation la plus favorable, celle qui découle de la première opinion et accorde tous les droits à l'étranger sauf les interdictions formelles ou implicite des textes, il ne peut user contre un national d'un mode d'action tout à fait exceptionnel et dont il est parfois difficile de mesurer les effets redoutables.

Comment, dit-on, un homme qui ne se rattache pas à la patrie française, qui n'y a aucune assiette, n'y possède souvent ni meubles ni immeubles, pourrait-il prendre à l'égard d'un Français une mesure qui, en coupant le crédit et paralysant les affaires de ce dernier, est susceptible d'entraîner les conséquences les plus funestes? Où le Français ira-t-il plus tard chercher

une réparation si la saisie-arrêt a été portée à tort?
L'impunité presque assurée à un homme sans sur-
face en France ne le conduira-t-il pas à abuser de
cette mesure? Enfin, on ajoute subsidiairement qu'a-
lors même que l'étranger pourrait recourir à cette
voie extraordinaire, il ne saurait se soustraire à
l'obligation du dépôt préalable d'une caution. Et l'on
cite, à titre d'exemple, l'art. 47 de la loi de 1844 sur
les brevets d'invention qui dispose que « le cautionnement sera toujours imposé à l'étranger breveté qui
requerra la saisie. »

Il semble, comme on peut s'en convaincre, que
cette opinion repose sur une conception plus senti-
mentale que juridique des relations de débiteur à
créancier. Dans cet ordre d'idées cependant, la situation d'un Français ne nous paraît pas plus intéressante,
que la nationalité de son créancier soit différente
ou non de la sienne. La saisie-arrêt suppose une
créance ; la créance n'a pas de nationalité : « Les
biens du débiteur sont le gage commun de ses créanciers », dit l'art. 2093, sans ajouter, — ce qui eût été
une iniquité, — des créanciers français. Quel abus
a-t-on à craindre de l'étranger ? Il ne peut recourir à
la procédure de saisie-arrêt que dans les cas prévus
par la loi, c'est-à-dire s'il est porteur d'un titre au-
thentique ou sous seing privé, ou s'il est autorisé par
le juge. Dans les deux premiers cas, c'est le débiteur
lui-même qui s'est reconnu cette qualité ou en a été
convaincu par jugement. De quoi se plaint-il ? Il est
maître de sortir immédiatement de cette situation en
désintéressant son créancier. En cas de permission de
juge, les magistrats ne sont-ils pas là pour ne répon-
dre les requêtes qui leur sont présentées qu'à bon

escient et qu'après avoir examiné les présomptions de créance, sous la réserve d'ailleurs d'en discuter en référé le caractère et les probabilités. Cette procédure de conservation n'est donc mise en œuvre par l'étranger, comme par les nationaux, que sous les garanties précises que la loi a organisées; si l'étranger y recourt, c'est qu'il est fondé en titre ou que ses droits, soigneusement examinés par le juge, sont certains.

Ce qui est incoutestable, c'est que la base juridique de ce droit est aussi solide pour les étrangers que pour le national. D'abord, aucun texte de loi ne les en prive ni expressément ni implicitement, comme ils sont privés par exemple du bénéfice de la cession de biens (art. 905 du Code de procédure civile).

La faculté de saisir-arrêter les biens de son débiteur, en vertu de titres ou de permission du juge, est ouverte par les art. 557 et 558 du Code de procédure civile à « TOUT *créancier* ». L'expression du Code est aussi universelle et compréhensive que possible : c'est un avantage inhérent à la nature du droit et non à l'état ou à la qualité de la personne.

Ce texte spécial à la matiàre est corroboré d'ailleurs par les quelques articles du Code civil qui posent les règles du droit international privé telles qu'elles étaient entendues par le législatenr français en 1804. L'art. 14 du Code civil décide que le Français pourra distraire l'étranger de ses juges naturels et le traduire devant un Tribunal français en quelque lieu que l'obligation ait été contractée.

Par un juste retour de justice distributive, l'art. 15 dispose que l'étranger pourra traduire le Français devant la juridiction française pour des obligations contractées en quelque lieu que ce soit. Cette faculté ouvre à l'étranger contre le national toutes les actions judiciaires que la loi française reconnaît. Il est autorisé à user pour la sauvegarde de ses droits de toutes les mesures que la loi met à la diposition du créancier, et au premier rang, celles que l'on peut considérer comme d'ordre public, telles que les mesures de conservation dont le but répond à une idée de moralité absolue, qui est d'empêcher un débiteur de se soustraire à l'obligation de payer ses dettes. Enfin, et en prenant la question d'une façon générale, quelle que soit l'opinion que l'on ait sur la condition juridique de l'étranger en France, on lui reconnaît le droit qui appartient à tout membre de la communauté humaine de contracter, acheter, vendre, trafiquer librement, sous la sanction des lois. Il a qualité pour acquérir toutes sortes de biens, meubles ou immeubles, de droits ou d'objets corporels, ensemble les servitudes, privilèges ou hypothèques qui en forment l'apanage légal. Comment lui contester l'acquisition de l'accessoire si celle du principal ne souffre même pas la discussion? Sur quoi se fonderait-on pour diviser ce qui est indivisible, pour scinder les parties d'un même tout et tenter une analyse à laquelle résiste la nature même du rapport de droit dont il est traité ici? Personne n'a songé du reste à détacher ce qui n'est séparable que dans l'abstraction pure et ce que le droit concrétisé, sous forme de législation positive, n'a jamais désuni. Cette pensée ne pouvait venir d'ailleurs à qui considère la nature du lien qui retient l'accessoire au principal.

En effet, les avantages accordés par la loi à la situation de créancier sont attachés à la qualité de la créance et non à la condition du sujet de droit. Est-ce que l'hypothèque judiciaire n'appartient pas à la créance fondée en jugement rendu par un Tribunal français, même au profit d'un étranger, contre un Français ? Est-ce qu'un étranger , créancier d'un Français, pour gagés ou fournitures de subsistances, n'exercera pas sur les meubles de son débiteur français le privilège de l'art. 2101 du C. civ. ? Est-ce qu'un étranger, tiers-porteur d'une lettre de change acceptée ou endossée par un Français, ne saisira pas conservatoirement les effets mobiliers de celui-ci, en vertu de l'art. 172 C. Com. ? Et le propriétaire étranger, ne pratiquera-t-il pas sur les meubles de son locataire français la saisie-gagerie prévue par l'art. 819 C. pr. civ. ?

Il n'y a pas de doute sur ce point. L'art. 2095 a rappelé en termes exprès la véritable nature du droit en cette matière : « Le privilège est un droit que *la qualité de la créance* donne à un créancier, etc. »

Il faut même aller plus loin. Il n'est pas douteux que l'exécution d'une condamnation prononcée par la juridiction criminelle, correctionnelle ou de police, au bénéfice d'un étranger contre un national, ne puisse être poursuivie par la voie de la contrainte par corps, conservée en cette matière par l'art. 2 de la loi du 22 juillet 1867. Cette contrainte est en effet accordée en considération de la nature de la créance et non de la condition particulière du créancier. C'est à une catégorie de jugements et non de personnes que la loi, dans un intérêt d'ordre public, a maintenu la sanction plus efficace de la législation antérieure.

Or, la loi a aussi attaché aux créances ordinaires certains priviléges ou droits accessoires énumérés aux

art. 557 et 558 du Code de procédure civile, tels que
la faculté de frapper d'indisponibilité, en quelques
mains que ce soit, les sommes appartenant au débiteur non payant.

C'est un avantage résultant de la nature du droit
et auquel la condition de créancier demeure indiffé-
rente, quel que soit l'intérêt qu'il mérite, ou au contraire, dans certaines hypothèses, l'indignité qu'il ait
encourue. L'avantage est inhérent à la créance; il
passe avec elle dans les différentes mains qui se la
transmettent.

Faire dépendre l'exercice de ce droit de la nationalité de celui qui l'exerce, c'est méconnaître le caractère même qui unit le principal à l'accessoire, c'est
vouloir ménager l'impunité du débiteur français au
détriment de son créancier. La loi n'a eu nulle part
une intention aussi contraire à l'équité (1).

Mais le juge, de qui un étranger sollicite la permission de frapper d'indisponibilité la fortune d'un
Français, ne devra-t-il pas imposer comme condition
de la mesure qu'il accorde le dépôt préalable d'une
caution ?

Nous répondrons, qu'en le faisant, le juge com-
mettrait un excès de pouvoir, par cette raison de
principe que le juge ne peut imposer de caution au
Français ou à l'étranger que dans les cas prévus par
la loi, et que le Code n'a rien édicté de semblable en
matière de saisie-arrêt. Les art. 16 C. civ. et 166 C.
pr. civ. indiquent dans quel cas et par qui une cau-

(1) Parmi les mesures conservatoires que l'on peut
exercer contre l'étranger, Fœlix (t. I, n° 260) énumère la
saisie-arrêt, et il ajoute : « laquelle, du reste, peut être
exercée également contre le débiteur français. »

tion spéciale pourra être requise contre l'étranger.
Les deux articles supposent qu'une instance a été
engagée et que l'étranger est demandeur : tant
qu'il n'y a pas débat lié devant le Tribunal, aucune
caution ne peut être exigée. En matière de saisie-
arrêt, il y aura un moment où la caution pourra
être demandée, c'est, non dans la première phase
de la procédure alors que la permission d'arrêter
est accordée, mais dans la seconde alors que le
créancier est obligé de soumettre sa procédure à l'homologation du Tribunal sous forme
de demande en validité de la saisie ; or, le
créancier étranger ne peut échapper à cette obligation, puisque les art. 563 et 565 C. pr. civ. prescri-
vent l'introduction de cette demande sous peine de
nullité. A ce moment, il y aura procès ; il y aura
demande en justice d'un étranger contre un Français et par conséquent application possible des
prescriptions des art. 16 C. civ. et 166 C. pr. civ.
L'étranger devra verser caution pour parvenir à
obtenir la validité d'une saisie dont l'effet est d'ailleurs attaché expressément à l'accomplissement de
cette formalité. — Cf. Roger, *De la Saisie-Arrêt*, 153.

Si l'étranger, après avoir formé sa saisie-arrêt et
assigné en validité ne faisait pas diligence pour obtenir jugement, le Français débiteur saisi pourrait
l'assigner en mainlevée, et même, dans ce cas, l'é-
tranger devrait la caution, car, dans la réalité des
choses, c'est bien lui qui aurait ouvert les débats et
serait le véritable demandeur dont parle l'art. 26 du
Code civil. — *Sic.* Tribunal civil de la Seine, 6ᵉ ch.,
17 mai 1879, *Journal du droit international privé*,
1879, p. 485, vᵒ Caution. (Dans cette espèce, le Français

saisi n'a pas osé soutenir que le droit d'opposition n'appartenait pas à un créancier étranger.)

Quant à l'argument tiré de l'art. 47 de la loi du 5 juillet 1844, il est assez étrange. N'est-il pas surprenant, en effet, de voir recourir pour l'interprétation des art. 14, 15 et 16 C. civ. qui posent les principes généraux des règles à suivre pour les relations juridiques entre les Français et les étrangers, à une loi faite quarante ans après le Code et pour réglementer la matière toute spéciale des brevets d'invention? Du reste, la conclusion à tirer des dispositions particulières de cette loi nous semble toute différente de celle que l'on propose.

Le droit commun, en matière de mesures conservatoires, c'est que le président du Tribunal les refuse sans appel ou les octroie sans conditions sous le mérite de l'examen auquel il se livre des pièces justificatives de la demande du créancier, et la réserve d'en référer contradictoirement s'il y a lieu. Lorsqu'il est dérogé à cette règle, la loi prend soin de le dire et d'inscrire l'exception dans un texte formel. C'est ce qu'elle a fait pour les saisies en matière de brevets d'invention en décidant que le cautionnement serait facultatif à l'égard des Français et obligatoire pour les étrangers.

Le droit commun ne permettait aucune mesure de ce genre ; la nécessité d'une disposition expresse en est la meilleure preuve. Cette rigueur s'explique d'ailleurs quand on considère que la saisie-contrefaçon n'est pas seulement une mesure conservatoire, mais souvent une véritable mesure d'exécution, car elle permet au breveté de saisir réellement et de mettre sous la main de la justice tout ou partie des objets appartenant au saisi et argués de contrefaçon.

L'historique de l'avant-dernier paragraphe de l'art. 44 de la loi de 1844 sur les brevets d'invention confirme cette interprétation. Il est ainsi conçu : « Le cautionnement sera toujouro Imposé à l'étranger breveté qui requerra la saisie. » Ce paragraphe n'existait pas dans le projet de loi présenté par le Gouvernement. Il a été proposé sous forme d'amendement, par M. Boudet, dans la séance de la Chambre des députés du 16 avril 1843 (V. la relation in-extenso de la discussion. Huard, *Rép. de législ. et jur. en mat. de brevets d'invention* ; 1863, p. 383).

Il reçut de la Chambre un accueil assez médiocre et ne fut adopté qu'à la suite de deux épreuves de vote. Son auteur a pris soin d'expliquer qu'il ne demandait d'ailleurs que l'application du « droit commun » à la matière des brevets d'invention.

Il a rappelé que « le Code de procédure imposait à l'étranger qui fait un procès à un Français la caution forcée pour garantir les frais du procès » et qu'en conséquence, en matière de saisie-contrefaçon dont l'effet pouvait être de paralyser simultanément plusieurs industries, une semblable précaution contre l'étranger n'était pas trop rigoureuse.

Si le droit commun eût permis, dans toutes les matières de saisie, saisie-arrêt, conservatoire ou autres, d'imposer à l'étranger requérant l'obstacle de la caution, M. Boudet n'eût pas manqué de citer cet exemple pour prouver plus péremptoirement encore, que la mesure qu'il invitait la Chambre à consacrer était déjà admise en matière analogue. Et d'autre part, le rapporteur de la loi, et le ministère du commerce, qui combattaient l'amendement n'eussent

pas omis de faire observer aux députés que
ll'amendement Boudet était au moins inutile, puisque
e droit commun autorisait le président à imposer
une caution à l'étranger, en toute matière de saisie,
généralement quelconque.

La loi de 1844 n'a disposé que pour la matière
spéciale qu'elle visait. La prétention de ses auteurs,
concentrée tout entière dans les meilleurs moyens de
protéger l'inventeur n'a pas été de poser des principes généraux de droit et de procédure.

La matière de la propriété intellectuelle et indus-
trielle nous fournit d'ailleurs d'autres exemples de
saisies où les exigences du législateur n'ont pas été
aussi rigoureuses, et qui limitent l'effet de l'art. 47
de la loi de 1844 à la matière spéciale qu'elle a voulu
atteindre. Le décret-loi de 25 mars 1852 protège les
ouvrages d'art et d'esprit publiés à l'étranger et,
étendant le bénéfice de la loi du 19 juillet 1793 à
l'étranger, lui permet de saisir en France ses œuvres
contrefaites entre les mains d'un national ou d'un
Français. Cette saisie s'accomplit dans les mêmes
conditions qu'en faveur d'un Français, c'est-à-dire
sans qu'il puisse être question du dépôt préalable
d'une caution.

En matière de marques de fabrique, l'art. 6 de la
de la loi du 23 juin 1857, permet à l'étranger, appartenant à un pays où la protection est réciproque-
ment acquise aux marques françaises, de se prévaloir
de toutes les dispositions de la loi, et par conséquent
de celles qui sont relatives à la saisie des marques
imitées ou contrefaites. Le § 3 de l'art. 17 déclare
que le président pourra, en accordant la permission
de saisir, exiger que le requérant dépose un caution-

nement, mais cette mesure concerne les nationaux eux-mêmes, et l'étranger n'est l'objet d'aucune mesure personnelle et aggravante.

Nous ne sommes d'ailleurs entré dans l'examen de cette législation spéciale que pour montrer qu'il ne faut pas vouloir en étendre abusivement les dispositions exceptionnelles, et que l'argument d'une portée générale, qu'on cherche à en tirer, aboutit à des conclusions contraires. Les dérogations, admises par le législateur, en ce domaine particulier, ne servent qu'à mettre mieux en lumière les principes du droit commun. A considérer ces principes, la faculté pour l'étranger, de former une saisie-arrêt en France sur un français, en vertu d'un titre ou d'une permission du juge, ne saurait être douteuse.